Elefanten

Einfach gut erklärt!

Geschrieben von Hanna Sörensen,
mit Bildern von Jochen Windecker

CARLSEN

Elefanten und ihre Verwandten

Elefanten sind die größten Landsäugetiere der Erde. Sie haben eine sehr dicke Haut. Deshalb werden sie manchmal **Dickhäuter** genannt. Elefanten gehören zur Ordnung der **Rüsseltiere**. Früher gab es auf der Welt über 160 Arten von Rüsseltieren. Bis auf die Elefanten starben jedoch alle anderen Arten aus.

Schon gewusst?

Zu den Verwandten der Elefanten zählen **Seekühe** und **Schliefer.** Obwohl die großen Meeressäuger und die murmeltierartigen Klettertiere ganz anders aussehen als Elefanten, ähneln sich die drei Tierarten in Körperbau und Erbgut.

Schliefer

Seekuh

Die Ahnen

Zu den Vorfahren der Elefanten gehört das **Mammut**. Mammuts starben vor ungefähr 10 000 Jahren aus. Manche Arten hatten eine Schulterhöhe von mehr als vier Metern. Ihre gewaltigen, oft meterlangen Stoßzähne waren nach oben gebogen. Am bekanntesten ist das **Wollhaarmammut**. Wegen seines dichten, langen Fells konnte es auch größte Kälte aushalten.

Ela, 8, fragt:

Sind Nashörner mit den Elefanten verwandt?
Flusspferde, Tapire und Nashörner sind zwar ebenfalls Dickhäuter, aber mit den Elefanten sind sie nicht verwandt.

Verschiedene Arten

Afrikanischer Elefant

Er wird auch Steppenelefant (Loxodonta africana) genannt. Seine Ohren sind groß, auf dem Schädel ist eine gleichmäßige Rundung. Sein Rüssel ist runzlig. An der Spitze befinden sich zwei „Finger“.

Die Bullen werden bis zu vier Meter hoch und bis zu 7,5 Tonnen schwer. Bullen und Kühe tragen lange Stoßzähne.

Afrikanischer Elefant

Asiatischer Elefant

Der Asiatische Elefant (Elephas maximus) hat kleinere Ohren als sein afrikanischer Verwandter, auf dem Kopf zwei Buckel, und sein Rüssel ist glatter. An der Rüsselspitze befindet sich ein „Finger“. Asiatische Elefantenbullen werden bis zu drei Meter hoch und fünf Tonnen schwer.

Asiatischer Elefant

Es gibt mehrere Unterarten des Asiatischen Elefanten, das sind zum Beispiel Indischer Elefant, Sri-Lanka-Elefant und Sumatra-Elefant.

Der Waldelefant

Der seltene und scheue Waldelefant lebt in afrikanischen Regenwäldern. Er wird bis zu 2,5 Meter hoch und ist damit deutlich kleiner als der Steppenelefant.

Waldelefant

Schon gewusst?

Zwergelefanten sind kleiner als Waldelefanten, sie werden schätzungsweise um die 1,70 Meter hoch. Bis heute ist unklar, ob es sich bei ihnen um eine eigene Art handelt oder um eine Unterart der Waldelefanten. Wir unterscheideen den Afrikanischen Zwergelefanten und den Borneo-Zwergelefanten, der auf der asiatischen Insel Borneo lebt.

Wie leben Elefanten?

Afrikanische Elefantenkühe und ihre Jungtiere ziehen in kleinen **Herden** umher. Diese werden von einer alten, erfahrenen Elefantenkuh angeführt. Meist umfasst so eine Herde etwa zehn erwachsene Kühe sowie ihre Kälber. Junge Elefantenbullen schließen sich ebenfalls zu Herden zusammen. Alte Elefantenbullen bleiben aber für sich.

Schon gewusst?

In jeder Elefantenherde gibt es eine **Rangordnung**. Sie regelt die Abläufe innerhalb der Gruppe. Es kann immer wieder zu Veränderungen innerhalb der Rangordnung kommen, zum Beispiel wenn Tiere die Herde verlassen oder neue Mitglieder dazukommen.

Große Familientreffen

Wenn sich zwei Elefantenherden auf ihren Wanderungen treffen, begrüßen sie sich ausgiebig. Manchmal schließen sie sich dann auch zusammen. So können für kurze Zeit riesige Herden entstehen, die mehrere Hundert bis tausend Tiere umfassen.

Große Familie: Alle Elefantenkühe in einer Herde sind Schwestern, Nichten, Töchter oder Cousinen der ältesten Kuh.

Ein Meisterwerk ...

Afrikanischer Elefantenbulle

Der Körper eines Elefanten ist ein wahres Meisterwerk.

Oberlippe und Nase zusammen bilden bei Elefanten den sehr vielseitigen **Rüssel**. Mit ihm nehmen sie Wasser und Nahrung auf. Er hat keine Knochen, sondern besteht aus etwa 40 000 Muskeln. Mit der empfindlichen Rüsselspitze können Elefanten Gegenstände sicher greifen.

Durch den Rüssel saugen Elefanten Wasser ein und können es wie eine Dusche wieder aussprühen.

Rüssel

Elefanten atmen und riechen durch den Rüssel. Sie können Artgenossen über eine Entfernung von fünf Kilometern erschnuppern.

Die **Elefantenhaut** ist etwa zwei bis vier Zentimeter dick und mit kleinen Haaren und Borsten bedeckt. Sie ist sehr empfindsam: Elefanten spüren sogar kleine Fliegen auf ihrem Körper.

Elefantenhaut

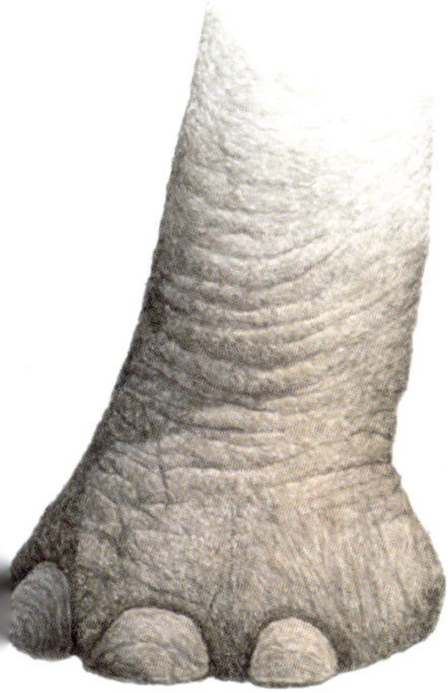

Fuß mit Polster

Trotz seines großen Gewichts, kann ein Elefant fast geräuschlos gehen. Das liegt an den besonderen **Füßen**: Unter den Fußknochen befindet sich ein dickes Polster. Es sorgt für einen weichen, federnden Gang. In der Hornhaut sind viele Risse und Spalten, die beim Laufen Halt geben.

Gut ausgerüstet

Die **Stoßzähne** eines Afrikanischen Elefantenbullen können bis zu drei Meter lang werden. Die Zähne sind aus Elfenbein. Mit der Zeit nutzen sie sich ab, wachsen aber immer wieder nach. Sie werden zum Beispiel zum Zerlegen von Holz oder zum Abschälen von Baumrinde verwendet. Bei den Elefantenkühen sind die Stoßzähne deutlich kleiner. Die Asiatischen Elefantenkühe haben keine oder nur sehr kleine Stoßzähne. Die Stoßzähne der Waldelefanten wachsen eher gerade und biegen sich nicht so sehr nach oben wie bei ihren Artgenossen aus der Savanne.

Mit ihren Stoßzähnen und dem Rüssel reißen Elefanten die Rinde von den Bäumen und kauen darauf herum.

Afrikanische Elefanten haben die größten Ohren.

Die **Ohren** der Elefanten sorgen dafür, dass den Tieren nicht zu heiß wird. Im Unterschied zu Menschen können Elefanten nicht schwitzen. Das bedeutet, dass sie überschüssige **Körperwärme** nur über die Haut abgeben können. Die Oberfläche ihrer Haut ist aber im Verhältnis zu ihrem großen Körper eher klein – die Ohren vergrößern also ihre Hautoberfläche und die Elefanten können über sie mehr Wärme abgeben. Außerdem wedeln sich die Tiere mit den Ohren frische Luft zu.

Kateryna, 9, fragt: ?

Warum haben Waldelefanten kleinere Ohren?
Im Regenwald gibt es ausreichend Schatten, die Waldelefanten müssen ihren Körper nicht so sehr kühlen wie die Elefanten in der Savanne.

Kleine Riesen

Bekommt eine Elefantenkuh zum ersten Mal Nachwuchs, stehen ihr bei der Geburt **erfahrene Elefantenkühe** als Hebammen zur Seite. Sie kümmern sich auch später gemeinsam mit der Mutter um die Erziehung des Kalbes. Bei seiner Geburt wiegt ein Elefantenbaby rund 100 Kilogramm – etwa so viel wie drei oder vier Grundschulkinder.

Behzad, 8, fragt:

Wie lange dauert es, bis ein Elefantenbaby zur Welt kommt?
22 Monate lang (also fast zwei Jahre) wächst ein Elefantenbaby im Bauch der Mutter heran. Das ist die längste Tragzeit bei landlebenden Säugetieren überhaupt.

trächtige Elefantenku

Die meisten Elefantenmütter bringen ein Jungtier zur Welt. Zwillinge sind sehr selten.

Irina, 9, fragt:

Sind Elefanten Säugetiere?
Ja. Ein Elefantenjunges wird von der Mutter mit nahrhafter Milch **gesäugt**. Die ersten zwei Jahre ist diese Milch seine Hauptnahrungsquelle. Danach gewöhnt sich das Jungtier langsam an feste **Nahrung**, trinkt aber weiterhin auch **Muttermilch**. Insgesamt werden junge Elefanten bis zu vier Jahre lang gesäugt. Die Brustwarzen der Elefantenmütter sitzen zwischen den Vorderbeinen, bei Pferden, Kühen und den meisten anderen Säugetieren befinden sie sich zwischen den Hinterbeinen.

Im Kindergarten

Elefantenbabys sind sehr neugierig. Sie spielen und toben gern. Die kleinen Elefanten klettern übereinander, trompeten um die Wette, beschnuppern oder berühren einander mit dem Rüssel. Die älteren Geschwister kümmern sich um die jüngeren. Elefanten schließen enge Freundschaften. Es gibt auch Elefanten, die einander nicht mögen. Dann gehen sie sich aus dem Weg oder tragen kleine Raufereien aus.

Schon gewusst?

Elefantenweibchen bleiben ein Leben lang bei der Herde. Die Jungbullen verlassen die Herde mit etwa neun Jahren.

Im Schutz der Familie

Junge Elefanten bleiben ständig in der Nähe ihrer Mütter. Außer den Müttern achten besonders die Elefantenkühe, die keinen eigenen Nachwuchs haben, darauf, dass die Herde zusammenbleibt. Sobald Gefahr droht, bildet die Herde einen Kreis um die Kleinen. Auch alte oder kranke Tiere werden auf diese Weise geschützt.

Janos, 9, fragt:

Welche Feinde haben Elefanten?
Da Elefanten sehr groß sind und in Herden zusammenleben, haben sie nur wenige natürliche Feinde. In der Savanne Afrikas müssen junge Elefanten vor **Löwen**, aber auch vor **Krokodilen** oder **Hyänen** auf der Hut sein. In Asien können **Tiger** für die Elefanten gefährlich werden.

Ein Elefantentag

Den größten Teil des Tages wandern Elefanten gemächlich umher. Sie legen auf der Suche nach Nahrung und Wasser **weite Strecken** zurück. Erwachsene Elefanten ruhen täglich etwa zwei bis vier Stunden, Jungtiere schlafen etwas länger. Vor allem während der Mittagshitze legen die Tiere Ruhepausen ein. Elefanten benötigen große Mengen an pflanzlicher **Nahrung**. Sie fressen etwa 17 bis 19 Stunden täglich, vor allem Laub, Zweige, Rinde und Früchte. Je nach Größe und Wasserbedarf trinken Elefanten mindestens einmal am Tag etwa 70 bis 150 Liter.

Elefanten baden gern im Schlamm. Sie wühlen in einem Wasserloch mit den Vorderbeinen den Boden auf und wälzen sich im Schlamm. Diese **Schlammbäder** erfrischen, die Schlammkruste reinigt die Haut und schützt sie vor Insekten.

Schon gewusst?

An den **Wasserstellen** in der Savanne treffen viele Tiere aufeinander. Elefanten, Gazellen, Giraffen, Zebras, Gnus, Warzenschweine: Alle trinken hier und kühlen sich ab – und natürlich zieht das Wasser auch Löwen und Geparden an.

Miteinander kommunizieren

Elefanten erzeugen verschiedene Rufe, Pfiffe, Trompetentöne und manchmal sogar eine Art Schnurren. Außerdem stoßen sie sehr **tiefe Töne** aus, die das menschliche Ohr nicht mehr hören kann. Diese Töne nennen wir **Infraschall**. So können sie sich über eine Entfernung von etwa zehn Kilometern verständigen.

Auch die **Körpersprache** spielt in der Kommunikation eine wichtige Rolle. Ein Elefant vermittelt seinen Artgenossen seine Absichten und Stimmungen zum Beispiel durch die Art, wie er seine Ohren und den Rüssel hält, und durch die Körperhaltung.

trompetender Elefant

Schon junge Bullen messen ständig ihre Kräfte. Denn jeder Bulle will später einmal der Stärkste sein. Besonders die **Kämpfe** der älteren Bullen sehen gefährlich aus, doch nur selten wird dabei ein Elefant ernsthaft verletzt oder sogar getötet.

Schon gewusst?

Elefantenbullen können in den Zustand der **Musth** kommen. In dieser Zeit sind sie fortpflanzungsbereit. Ihr Hormonspiegel ist dann erhöht und sie sind äußerst reizbar. Die Musth kann einige Wochen oder sogar Monate dauern.

Ganz besonders

Schon gewusst?

Soweit wir wissen, **trauern** Elefanten, wenn ein Mitglied ihrer Familie gestorben ist. Sie betasten den toten Körper und versuchen ihn aufzurichten. Bevor sie schließlich weiterziehen, bedecken sie den toten Artgenossen mit Gras und Zweigen. Dies machen sie auch bei anderen toten Tieren oder Menschen.

Lotti, 8, fragt:

Wie alt werden Elefanten?
Elefanten werden zwischen 60 und 80 Jahre alt. Sie wachsen ihr Leben lang, darum kann man anhand der Größe das Alter der Tiere erkennen.

Das Elefantengedächtnis

Elefanten haben ein sehr gutes Gedächtnis. Sie **erinnern** sich daran, wo sie Futter finden und an welcher Stelle sie nach Wasser graben müssen. Elefanten erkennen nach langer Abwesenheit Menschen wieder, ebenso wie vertraute Melodien und Töne. Sie **lernen** lebenslang und werden mit zunehmendem Alter erfahrener. Dieses Wissen geben die älteren an die jüngeren Tiere in der Herde weiter.

Elefanten finden über viele Kilometer den Weg zurück in vertrautes Gelände.

Harte Arbeit

Seit etwa 3500 Jahren zähmen Menschen **Asiatische Elefanten,** vor allem um sie als Reit- oder Zugtiere einzusetzen. Aufgrund ihres Temperaments lassen sich Afrikanische Elefanten kaum zähmen.

Asiatischer Elefant, der für den Transport von Holz eingesetzt wird.

Schon gewusst?

Der Elefantenführer wird in Asien **Mahut** genannt. Sorgt der Mahut gut für den Elefanten und fühlt sich das Tier sicher, können die beiden viele Jahre lang zusammenarbeiten.

Elefant mit Touristenkorb: In einigen Ländern werden Ausflüge auf den Rücken von Elefanten angeboten.

Inzwischen ist in vielen asiatischen Ländern das Fangen wilder Elefanten verboten. Doch in einigen Ländern werden noch immer **Arbeitselefanten** in der Holz- und Forstwirtschaft eingesetzt. Andere Tiere dienen als Touristenattraktion. Tierfreundliche Haltung und gute Lebensbedingungen kommen dabei oft zu kurz. Viele Elefanten verrichten schwere Arbeit, werden unzureichend ernährt und erhalten kaum tierärztliche Betreuung.

Sportliche Elefanten

Elefant beim „Schnorcheln“

Sami, 8, fragt:

Können Elefanten echt schwimmen?

Elefanten baden, planschen und schwimmen gern – manchmal sogar kilometerweit. Beim Durchqueren von Flüssen, Seen oder Meeresbuchten verwenden sie ihren **Rüssel als Schnorchel**. Jungtiere werden beim Schwimmen am Anfang noch von der Mutter oder den Tanten mit dem Rüssel gestützt. Sehr junge Elefanten legen sich auf den Rücken der Mutter.

In Asien werden auch sportliche Wettkämpfe mit Elefanten ausgetragen, zum Beispiel Wettrennen. Es gibt auch **Elefantenpolo**, das ähnlich wie das Polo zu Pferde gespielt wird – nur viel langsamer. Dabei versuchen die Spieler, einen Ball mit Holzschlägern in das Tor der gegnerischen Mannschaft zu schlagen. Elefantenpolo ist allerdings umstritten. Während einige Menschen überzeugt sind, dass die Elefanten gerne spielen, finden viele Tierschützerinnen und Tierschützer das Reitspiel nicht artgerecht.

Elefantenpolo

Kultur und Religion

Wegen ihrer großartigen Erscheinung und ihrer Klugheit werden Elefanten seit langer Zeit in Asien verehrt. Besonders weiße und sehr helle Elefanten galten und gelten in einigen Kulturen als **heilig**. Noch heute gehören alle weißen Elefanten in Thailand dem König.

Darstellung eines weißen Elefanten des thailändischen Königshauses

Schon gewusst?

Jedes Jahr findet auf der asiatischen Insel Sri Lanka eine große **Elefantenparade** statt. Dann werden in einer Vollmondnacht mehr als hundert bunt geschmückte Elefanten durch die Straßen geführt und von Zuschauerinnen und Zuschauern bestaunt.

In der Religion des **Hinduismus** werden viele verschiedene Gottheiten verehrt. Besonders beliebt ist der Gott **Ganesha**. Er trägt einen Elefantenkopf auf seinem menschlichen Körper. Ganesha gilt als Gott der Weisheit, der Künste, der Wissenschaft, der Literatur und des Glücks. Indische Schulkinder singen sogar ein Lied, mit dem sie den Elefantengott um Erfolg beim Lernen bitten.

Elefantengott Ganesha

In Indien und Thailand findet man viele Statuen des Gottes Ganesha.

Stoßzähne auf einem Elfenbeinmarkt

Bedrohlich

Obwohl der Handel mit den Stoßzähnen seit 1989 verboten ist, werden Elefanten noch immer wegen ihres Elfenbeins von Menschen gejagt. Durch die **Wilderei** sterben in Afrika jährlich etwa 20 000 Elefanten. Das sind mehr Tiere, als dort in einem Jahr geboren werden.

Elif, 10, fragt:

Warum gibt es immer noch Elefantenjäger?
Die Jäger verkaufen die Stoßzähne an Menschen, die viel Geld dafür zahlen. Denn in einigen asiatischen Ländern werden Schnitzereien aus Elfenbein noch immer bewundert und begehrt. Erst wenn es keine Käuferinnen und Käufer mehr gibt, wird auch die Jagd auf die Elefanten aufhören.

Elefantenstoßzahn mit Schnitzereien

Schutz für Elefanten

In freier Wildbahn benötigen Elefanten viel Platz für ihre weiten Wanderungen. Inzwischen ist ihr **Lebensraum** durch die Ausbreitung des Menschen jedoch stark geschrumpft. Die ursprünglichen Gebiete der Elefanten werden besiedelt oder landwirtschaftlich genutzt. Zahlreiche Wälder werden abgeholzt. Viele Elefanten überleben nur noch in **Reservaten**. In diesen **geschützten Gebieten** darf weder gebaut noch gerodet werden. Wildhüter achten darauf, dass keine Jagd auf die Tiere gemacht wird. In einigen Reservaten in Afrika konnten sich die Bestände der Elefanten auf diese Weise erholen.

Die Elefanten im afrikanischen Regenwald sind noch stärker **vom Aussterben bedroht** als die Elefanten in der Savanne.

Elefanten-Lexikon

Elfenbein

Manche Tierzähne, zum Beispiel die Stoßzähne der Elefanten, bestehen aus Elfenbein.

Erbgut

Jedes Lebewesen besteht aus winzigen Zellen. In jeder Zelle befindet sich Erbgut, DNA genannt: In ihr ist abgespeichert, wie das Lebewesen aufgebaut ist und wie es funktioniert. Diese Informationen werden an die Nachkommen vererbt.

„Finger"

„Nasenhand". Asiatische Elefanten haben einen, Afrikanische Elefanten zwei Finger an der Rüsselspitze.

Infraschall

Besonders tiefe Töne, die das menschliche Ohr nicht mehr wahrnehmen kann. Elefanten, aber auch Blauwale und Giraffen können Infratöne ausstoßen.

Leitkuh

Ein erfahrener weiblicher Elefant, der die Elefantenherde anführt

Mahut

Asiatische Arbeitselefanten werden von einem Elefantenführer, dem Mahut, begleitet. Er ist für die Pflege und Ernährung der Elefanten zuständig.

Rangordnung

In einer Elefantenherde haben manche Tiere mehr Rechte und mehr Einfluss als andere. Die Herde wird von der Leitkuh geführt. Das Zusammenleben wird durch diese Rangordnung geregelt.

Tierreservat

Geschütztes Gebiet für Tiere, in dem nicht gejagt, gebaut oder gerodet werden darf. Wildhüterinnen und -hüter achten darauf, dass es den Tieren gutgeht. In einigen Reservaten in Afrika konnten sich dadurch die Bestände der Elefanten erholen.

Rüsseltiere

Früher gab es über 160 Arten von Rüsseltieren, die bis auf die heutigen Elefantenarten alle ausstarben.

Tragzeit

Bei Tieren spricht man nicht von Schwangerschaft, sondern von Tragzeit. Schwangere Weibchen sind „trächtig“, sie tragen das Jungtier bis zur Geburt in ihrem Bauch.

Elefanten-Malkurs

Hier kannst du lernen, einen Elefanten zu zeichnen.

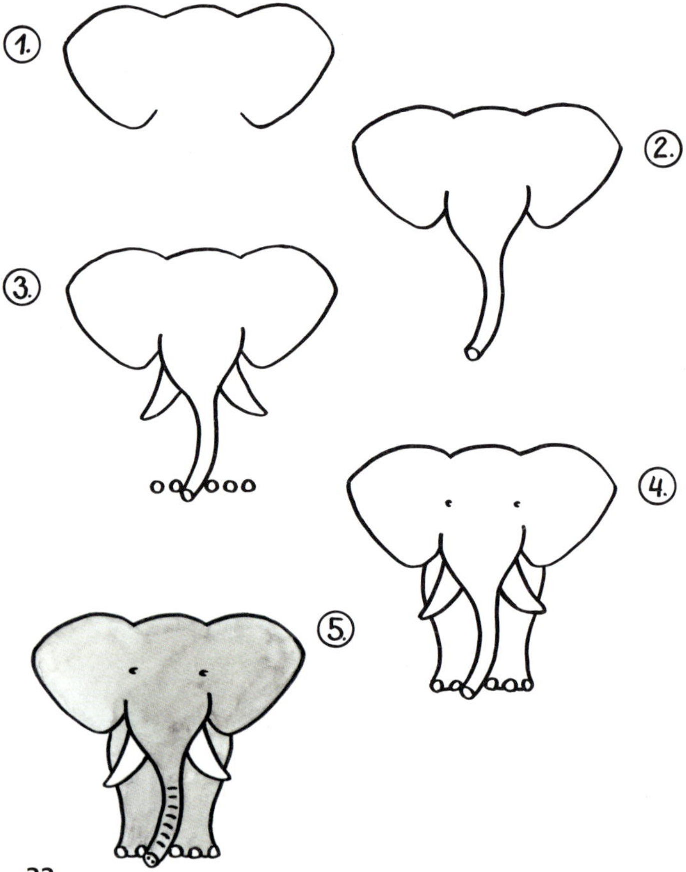

Dass Elefanten sich durch tiefe Trompetentöne kilometerweit miteinander verständigen, hat die Autorin **Hanna Sörensen** sehr beeindruckt. Leider hat ihr Hund trotz intensiven Übens noch nie auf ihr Trompeten reagiert …

Jochen Windecker ist als freiberuflicher Illustrator und Grafiker tätig. Elefanten zählen zu seinen Lieblingstieren. Sie dürfen bei keinem Zoobesuch ausgelassen werden.

FSC®
www.fsc.org
MIX
Aus verantwortungsvollen Quellen
FSC® C016267

Wir produzieren nachhaltig

- Klimaneutrales Produkt
- Papiere aus nachhaltigen und kontrollierten Quellen
- Hergestellt in Deutschland

Völckersstraße 14–20, 22765 Hamburg
Umschlaggestaltung: Sabine Reddig
Bearbeitung der Pixi-Figur: Dorothea Tust
Redaktion: Cordula Thörner (Leitung), Ruth Gellersen, Linda Hartwig
Lithografie, Satz: Margit Dittes Media, Hamburg
ISBN 978-3-551-24229-7

Band 18

Elefanten

Einfach

Wie viel wiegt ein Elefantenbaby?
Können die Dickhäuter schwimmen?
Und wo leben Zwergelefanten?

Pixi Wissen bringt Sachthemen für Grundschulkinder auf den Punkt.

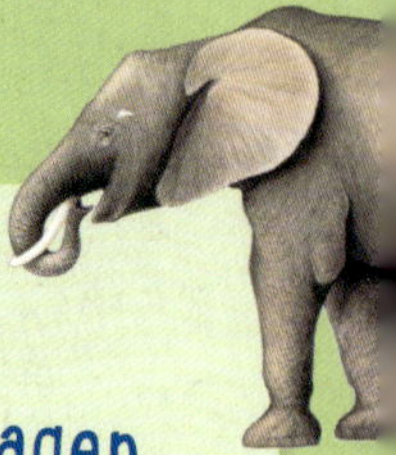

- kurze Sachtexte
- Antworten auf Kinderfragen
- Mini-Lexikon
- zahlreiche Bilder

Fachleute und Pädagogen prüfen jeden Pixi-Wissen-Band.

Wir produzieren nachhaltig

pixi Wissen

www.pixi-wissen.de | www.carlsen.de

ISBN 978-3-551-24229-7
9 783551 242297
€ 1,99 [D]
1. Aufl. 23

CARLSEN